LA DISPENSA DE ILEGALES
ES:
ANARQUIA O JUSTICIA

LA DISPENSA DE ILEGALES ES: ANARQUIA O JUSTICIA

Hugo Aguilera

Número de Control de la Biblioteca del Congreso de EE. UU.:   2013920643
ISBN: Tapa Dura   978-1-4633-5523-4
                Tapa Blanda   978-1-4633-5525-8
                Libro Electrónico   978-1-4633-5524-1

Este libro fue impreso en los Estados Unidos de América.

Fecha de revisión: 22/11/2013

Para realizar pedidos de este libro, contacte con:
Palibrio LLC
1663 Liberty Drive, Suite 200
Bloomington, IN 47403
Gratis desde EE. UU. al 877.407.5847
Gratis desde México al 01.800.288.2243
Gratis desde España al 900.866.949
Desde otro país al +1.812.671.9757
Fax: 01.812.355.1576
ventas@palibrio.com
463079

ÍNDICE

PRIMERA PARTE:
LA METAFORA

SEGUNDA PARTE:
LA INTERPRETACION DE LA METAFORA

TERCERA PARTE:
LOS ARGUMENTOS IGNORADOS

INTRODUCCIÓN

En breve tiempo las autoridades de los Estados Unidos, esto es, El Congreso, El Senado y El Presidente de los Estados Unidos de América determinaran la suerte de varios millones de inmigrantes que se encuentran como ilegales dentro de los Estados Unidos, en tanto que otros millones más que están en espera desde hace muchos años tienen la misma esperanza de obtener la preciada visa de residencia dentro de los Estados Unidos de América.

Una gran mayoría de este país ignora o no le interesa lo que puede suceder con una inmigración incontrolable como lo está en la actualidad, pero es conveniente que se tome en cuenta lo que dijo un jefe misionero de la Iglesia Católica hace más de veinte años: "Los países Protestantes son basurero de la Iglesia Católica".

PROLOGO

Cuatro Senadores Demócratas y cuatro Senadores Republicanos el pasado 15 de abril del 2013 concluyeron, que se permitirá la dispensa de 11 millones de Indocumentados que viven actualmente dentro de los Estados Unidos SIN EXPLICAR LAS CAUSAS Y LOS MOTIVOS POR LO QUE LES DAN ESA GRACIA CONSTITUCIONAL QUE SOLO EN ESTE PAIS SE OTORGA "POR DECRETO PRESIDENCIAL" Y QUE ADEMAS ES MOTIVO DE IMPORTACIA EN ELECCIONES PARA PRESIDENTE.

LO QUE IGNORA ESA H. COMISION DEL SENADO ES QUE: Seguramente en ese mismo día, se esté iniciando el nuevo proceso de que en un plazo no pactado, se vuelva repetir otro proceso de "regularización" para los otros EQUIS numero de millones que formaran "LA TERCERA AMNISTIA " escribiendo de ese modo, EL NUEVO CUENTO DE NUNCA ACABAR.

PRIMERA PARTE:

LA METAFORA

CAPITULO 1

Elección del Teatro

En un pueblito tranquilo de la costa Este de los Estados Unidos donde la vida cotidiana está llena de placentera tranquilidad y se respira una quietud envidiable para muchas regiones del planeta, donde prevalece la violencia y el encono social; Una compañía de teatro convino caprichosamente en presentar una obra teatral muy cotizada en toda la Nación, eligiendo un mediano teatro que dejaría fuera una buena cantidad de seguidores, no obstante eso así lo eligieron conscientemente.

CAPITULO 2

El Tumulto

Desde temprana hora comenzaron a llegar los interesados y pronto alcanzo lo inevitable, el tumulto de personas que a toda costa deseaban ver la obra provocaron el caos en la puerta principal de entrada, pero el problema no quedo en la gente que querían pagar por ver el espectáculo.

CAPITULO 3

Las Entradas Prohibidas

También otros deseaban entrar, pero por la puerta de salida de emergencia, esto es, por una puerta prohibida; Eran un grupo de amigos del portero encargado de la seguridad es ese punto donde esperaban la oportunidad de entrar, por ser amigos del vigilante o por una módica cuota.

Cuando el caos de las entradas estaba en su apogeo y el guardia de la puerta de emergencia les cerró el paso, un tercer grupo indignados por el rechazo que les hizo el vigilante desleal, opto por entrar violentamente rompiendo la ventana que estaba a unos metros de la puerta de la salida de emergencia del inmueble, sin que el vigilante pudiera hacer gran cosa, ya que estaba comprometido por lo que había hecho por sus amigos, el resultado es que dentro del teatro quedaron ubicados en pasillos y escalones gente que no pago.

En cambio afuera del teatro, se quedaron personas que merecían entrar y no pudieron al momento que el reporte de los encargados de la sala se dieron cuenta que estaba completamente lleno dadas las irregularidades y el mal planteamiento de los empresarios teatrales y de sus caprichos.

Ante esa circunstancia de desorden los reportes de los diferentes departamentos no se dejaron esperar, se tenía que tomar una decisión.

Por un lado había inconformidad del sobrecupo que saturaba el ambiente de humores no deseados, de las personas que habían pagado sus lugares para ver un espectáculo de su agrado en condiciones de un confort aceptable para poder disfrutar de lo que les agradaba.

En la administración vieron disminuidos sus ingresos por el sobrecupo que no pago sus entradas y sin embargo se percataron que personas se quedaron fuera con los billetes en la mano, incluso algunos pagaban por el boleto dos o tres veces su valor.

El reporte de los empleados de mantenimiento presentó daños al edificio por los vándalos que violentamente irrumpieron su entrada al interior del teatro, las cámaras detectaron algunos de los rostros y estaban esperando instrucciones para proceder a llamar a la policía y buscarlos dentro del teatro antes de la tercera llamada para que se inicie la obra.

Todo este informe se deposito sobre la mesa en el privado del Gerente del Teatro, también estaban reunidos en ese lugar, los organizadores y los dueños del teatro, para determinar lo más conveniente.

Debido a las premuras para la toma de decisiones dada la proximidad del evento se propusieron las siguientes acciones:

A) QUE SE SUSPENDA LA FUNCION Y SE LE REGRESE EL IMPORTE DE SU BOLETO A CADA PERSONA QUE PRESENTE SU COMPROBANTE.

B) QUE SE SUSPENDA LA FUNCION PARA EL DIA SIGUIENTE Y SE PRESENTEN CON SU COMPROBANTE QUE SE LES ENTREGO. AL MOMENTO DE QUE INGRESARON AL TEATRO.

C) QUE ABANDONEN EL TEATRO POR LA PUERTA DE EMERGENCIA Y VUEVAN A INGRESAR POR LA PRINCIPAL CON SU COMPROBANTE, ESCOLTADOS POR LA

POLICIA; QUIENES NO TENGA BOLETO SE LES DEBERA SANCIONAR Y LOS QUE APAREZCAN EN EL VIDEO DONDE SE ROMPIERON LOS CRISTALES DE LA VENTANAS SEAN AGREGADOS SUS CARGOS POR ESE HECHO.

D) QUE NO SE PIERDA EL TIEMPO Y QUE TODOS VEAN LA OBRA ASI QUEDAMOS BIEN CON TODOS YA QUE TODOS YA ESTAN ADENTRO. LOS DAÑOS QUE LOS PAGUE EL SEGURO.

El Gerente con actitud de desconcierto tomo los documentos y se refugió en el privado anexo a la sala para meditar su elección de la manera más conveniente

CAPITULO 4

Restitución Del Orden

Transcurrieron algunos minutos y de nuevo se presentó ante los asistentes a la reunión para darles a conocer cual, según su criterio, era la mejor forma de solucionar el problema, comenzó diciendo así: "primero antes que nada llamen a la policía la vamos a necesitar, cuando llegue la ponen frente a la puerta de salida del teatro por donde entraron los polizontes junto con el custodio de seguridad QUE PROVOCO ESE DESORDEN el que estaba en la puerta de salida de emergencia; luego LA GERENCIA ANUNCIARA POR EL MICROFONO la primera llamada pidiendo la colaboración de los que estan sentados en los pasillos y escalera para que atiendan las indicaciones que les darán el personal de servicio y vigilancia, junto con algunos policías, para colocarlos en su correcta ubicación que se les indicara en el lobby del teatro, una vez que se dirijan hacia al lobby el jefe de la vigilancia les pedirá que tengan a la vista en sus manos el comprobante de sus entradas, quienes así lo hagan, pasaran al lobby y quienes no lo hagan serán direccionados hacia la puerta de salida donde los estará esperando la policía.

entre estos deberán estar los que rompieron los vidrios de la ventana.

Una vez que terminen de hacer ese operativo la gerencia anuncia la Segunda llamada de la función pidiendo a todas las personas que están sentadas en las butacas le presenten su comprobante de entrada al personal de seguridad del teatro y quienes hayan extraviado o perdido su comprobante de entrada acompañen a los empleados de vigilancia para asignarles lo que corresponda, previamente tras las vidrieras de los pasillos estarán las cajeras identificando a quienes reconozcan haberles vendido el boleto, indicando al personal de vigilancia que las retorne a sus asientos.

El resto de los que quedan antes de llegar al lobby se les divide entre los que pagaron con tarjeta y los que lo hicieron con otro medio de pago. Por último para evitar alguna injusticia se les presentan individualmente una hoja con cinco fotos de supuestas cajeras, a quienes pagaron los boletos en taquilla, obviamente que los que identifiquen a las supuestas cajeras nunca compraron los boletos y los invitan a que pasen a la salida de emergencia para que se integren a los demás que no pagaron boleto, en cambio a los que no identifique a las cajeras que les vendieron las entradas regréselos al interior del teatro. CUENTAN LAS BUTACAS QUE PRESENTARON BOLETO Y LAS COMPARAN CON LAS QUE SE VENDIERON EN TAQUILLA Y LA DIFERENCIA LAS VAN A DAR LOS QUE EXTRAVIARON SU BOLETO Y LOS DEMAS SON POLIZONTES DE ENTRE LOS QUE ESTAN EL RESTO DE LOS QUE ENTRARON POR LA VENTANA, hecho este procedimiento y aclaración se hace la tercera llamada para que empiece la función de la esperada obra teatral.

ESPERO QUE ESTA PROPUESTA SEA DE SU AGRADO YA QUE SI EXISTE UNA MEJOR FORMA DE SOLUCION ESTOY EN LA MEJOR DISPOCISION DE ESCUCHARLA.

CONVENCIDOS QUE ERA LA MEJOR FORMA DE SOLUCIONAR EL PROBLEMA SALIERON DE LA GERENCIA CON LA CONVICCION DE ESTAR VIENDO EL DESARROLLO DE LOS ACONTECIMIENTOS PARA INTERVENIR SI FUERA NECESARIO.

Uno de los organizadores de la obra de teatro le comento a uno de los propietarios del mismo, que se había quedado muy intrigado por un comentario que le hizo el

Gerente antes de exponer su estrategia, comento que en determinada momento se sintió que lo mismo le pasa al Presidente Obama y ese comentario yo creo que lo debe de de aclarar, el dueño de teatro comento que tambien iba estar presente cuando le fuera a pedir la aclaración a lo que ambos iban a ir juntos para escuchar lo que quería decir sobre lo que le pasa al Presidente .

SEGUNDA PARTE:

LA INTERPRETACION DE LA METAFORA

CAPITULO 5

Cual es La Puerta Principal

UNA VEZ QUE SE ORDENO LA SITUACION Y SE LLEVARON A LOS ABUSIVOS DEL TEATRO A LA POLICIA LOS ORGANIADORES Y PROPIETARIOS Y EMPLEADOS LE PIDIERON AL GENERENTE LES EXPLICARA LA SIMILITUD DE LO QUE VA A PASAR CON LA REGULARIZACION QUE VA A DAR EL PRESIDENTE HUSSEIN BARAK OBAMA.

les dijo: EL DILEMA DE OBAMA ES: A QUIEN REGULARIZAR

Los hechos narrados en el problema del Teatro facilita este propósito y simplifica la comprensión del problema ya que permite ubicar a los principales personajes que conviven en el acto reprobable de la inmigración ilegal tan común en los Estados Unidos donde sorprendentemente en la actualidad se ve como un acto domestico de la vida cotidiana.

En los momento que me vi obligado para separar los asistentes legales de los ilegales me figure los siguinte:

EL TEATRO ES: EL TERRITORIO DE LOS ESTADOS UNIDOS

LA OBRA QUE SE EXHIBE: LA RESIDENCIA LEGAL LO QUE SE CONOCE COMO LA TARJETA "GREEN CARD".

EL GERENTE: BARAK HUESSEIN OBAMA

DUEÑOS DEL TEATRO: CAMARA DE DIPUTADOS

PROMOTORES DE TEATRO: CAMARA DE SENADORES

LA ENTRADA PRINCIPAL DEL TEATRO: LUGARES AUTORIZADOS POR EL GOBIERNO DE LOS ESTADOS UNIDOS PARA INGRESAR AL PAIS. La Entrada principal son los puertos de ingreso a los Estados Unidos esto es Puentes Internacionales, Aeropuertos, puertos marítimos, etc. Por donde entran las personas que presentan documentos para hacer su ingreso LEGAL, o bien iniciar un tramite para regularizar su estancia en los Estadios Unidos respetando los términos y las condiciones que impone la Autoridad Estadounidense para lo cual existen diversos documentos para cada caso debidamente especificados, algunos de estos trámites se llevan años para que puedan ingresar legalmente y es aquí donde esta el grueso de los aspirantes a residentes que pueden ser desplazados por la regularización "al vapor" de los ilegales.

CAPITULO 6

Las Puertas de la Ilegalidad

LA PUERTA DE EMERGENCIA DE SALIDA: REPRESENTA TODOS LOS LUGARES DE REVISION DE LOS ESTADOS UNIDOS POR DONDE INGRESAN LOS INDOCUMENTADOS PRESENTANDO DOCUMENTOS APOCRIFOS DE IDENTIDAD, COMPLICIDAD DE LAS AUTORIDADES DE MIGRACION, OCULTAMIENTO DE PERSONAS EN VHEICULOS POR LOS PUENTES Y LUGARES DE REVISION Y TODA ACTIVIDAD QUE CUENTE CON COMPLICES EN EL MOMENTO DE SU INGRESO AL PAIS, ESTE MODUS DE OPERACIÓN SE DIO MASIVAMENTE EN LA DISPENSA OTORGADA EN

LOS TIEMPOS DE JIMMY CARTER, DANDO COMO RESULTADO SER EL PRIMER ESLABON DE LA CADENA QUE NO PERMITE A LOS REPUBLICANOS LLEGAR A LA CASA BLANCA YA QUE TODOS ESOS MILLONES AHORA FORMAN UN NUMEROSO CONTINGENTE DE VOTOS CORPPORATIVOS A FAVOR DE LOS DEMOCRATAS EN AGRADECIMIENTO POR LAS "FACILIDADES OTORGADAS PARA OBTENER SU RESIDENCIA" ESTE HECHO VERGONZOSO DE ENGAÑO E INCUMPLIMIENTO A LAS LEYES DE MIGRACION LE AYUDO MUCHO PARA "MERECER" EL PREMIO NOBEL DE LA PAZ. fueron millones los que se beneficiaron con documentos apócrifos y este acto de corrupción encumbro a los demócratas a tener mayor permanencia en la Presidencia desde esos tiempos con elementos de poca calidad moral.

LA OTRA PUERTA DE LA ILEGALIDAD ES AQUELLA POR DONDE INGRESARON VIOLENTAMENTE AL TEATRO CAUSANDO DAÑOS: En este caso de Ilegales, Representan las personas que entran por los ríos, brechas mojoneras fronterizas, desiertos y todo lugar que no está autorizado con o sin ayuda de los que están dentro de los Estados Unidos en el momento de su ingreso, es en esta categoría donde se presenta el mayor riesgo de que sean delincuentes peligrosos, violadores, etc., y que por parte del lado mexicano reciben ayuda sin mediar escrúpulos de la calidad de persona lo que dice del poco aprecio que tienen por la buenas relaciones entre los dos países ESPECIALMENTE LA IGLESIA CATOLICA PRINCIPAL PROMOVENTE DE LA ENTRADA DE ILEGALES A LOS ESTADOS UNIDOS PARA AUMENTAR SU MEMBRESIA Y PODER HASTA LLEGAR A SER LA IGLESIA OFICIAL DEL ESTADO, APORTANDO VOTOS CORPORATIVOS DE "AGRADECIMIENTO" A LAS FILAS DEL PARTIDO DEMOCRATA EN SU LUCHA POR OBTENER LEGAL O ILEGALMENTE SU RESIDENCIA, CABE HACER MENSION QUE EN EL PAIS DONDE ESTA ENCLAUSTRDA LA SEDE DE LA IGLESIA CATOLICA ESTO ES ITALIA: LA INMIGRASION ILEGAL ES CARCEL Y DEPORTACION, TOTALMENTE LO CONTRARIO A LO QUE SOLICITAN EN LOS ESTADOS UNIDOS.

LA PREGUNTA OBLIGADA ES: LA AUTORIDAD DE LOS ESTADOS UNIDOS DE AMERICA DEFENSORA DE LA JUSTICIA Y LA LIBERTAD EN EL MUNDO TIENE EN LA INMIGRACION ILEGAL UNA AFORTUNADA OPORTUNIDAD DE GANAR UNA BUENA BATALLA POR LA JUSTICIA ? Desde luego que no, más bien su comportamiento esta a la altura de un régimen anarquista, que desprecia la ley y premia el desacato de quienes las violan, practica una enmienda por no discutir lo obsoleto de su proceder. ¿Para eso se les paga a los Diputados, Senadores, al Presidente, a los Jueces para que se avergüencen de sus leyes y le den la razón a la anarquía?

CAPITULO 7

El Dilema de los ilegales: ANARQUIA O JUSTICIA

Así de esa forma errática están diseñadas la mayoría de las "RESOLUCIONES" emitidas por el senado en los últimos años, con respuestas sociales sin definición colocando el futuro de los Estados Unidos en un bache donde no puede avanzar formando cuentos de nunca acabar.

No hace mucho que se quieren salir de Irak y ya están pensando en ir a Corea, apoyan a los Palestinos pero son aliados de los Israelitas, le dan amnistía a los 11 millones de ilegales que están dentro de los Estados Unidos y hace treinta años hicieron lo mismo en los tiempos del infumable Jimmy Carter verdugo del pueblo Venezolano y se abre la puerta de una tercera amnistía con los ilegales que están entrando después del 15 de abril de este año 2013.

Corea, Cuba, Israel, Afganistán, Irak, como si el senado fuera una imitación de las Naciones Unidas sus decisiones están en el aire enrarecido de indefiniciones.

TERCERA PARTE:

LOS ARGUMENTOS IGNORADOS

CAPITULO 8

CAUSAS QUE MOTIVAN LA MIGRACION

El fenómeno de la migración se da por diversos motivos algunos por calamidades naturales como sequias, inundaciones u otras de pobreza extrema que entran como acciones de orden natural, mientras que otras son de orden social como guerras civiles o mundiales o bien políticas donde grupos étnicos.se ven desplazados cuando los grupos rivales toman el control de sus regiones, la sobre población también influye para emigrar, otro motivo es el Religioso que cosecha la migración por no profesar el mismo credo y quienes ostentan el poder tratan por decreto que sea profesada su Fe por obligación, eso es muy criticado a la Iglesia Católica y Musulmana consideradas religiones intolerantes las cuales integran grupos especiales para realizar esas negativas acciones dentro de las cuales se encuentra la orden de Jesús (Jesuitas) encargados de la "Santísima" Inquisición, teniendo al frente al temido Ignacio de Loyola quien persiguió duramente hasta las costas de Holanda frente a las Islas Británicas a los que formaron el contingente de Pioneros que fundaron las primeras colonias Americanas que sirvieron de crisol donde se fincaron las bases del país que se llama Estados Unidos de Norteamérica.

Ese hecho histórico en nada se parece a lo conceptuado por los "otros" Protestantes denominacionales entre los que se encuentran los católicos reformados, los bautistas, etc., etc., etc., que erróneamente PARTEN DE LOS AÑOS 1700 EN VEZ DE LO QUE SUCEDIO EN LOS 1610. Cuando definieron por primera vez como "el sueño americano", en donde lo adornan como una mejor vida de confort y tranquilidad llena de bonos y estampillas que te permiten trabajar poco y pasarla tranquilo, o tener muchos hijos para que te mantenga el Gobierno, como lo están practicando profesionalmente los jóvenes en la actualidad que tienen hijos cada año y tienen a la pareja ya embarazada para el próximo mientras que los sufridos soldados AUTENTICOS HEROES DE ESTE PAIS, que quedaron inválidos por luchar por LOS MEJORES PROPOSITOS DE LA NACION, se encuentran redactando cartas pidiendo dos centavos para que les ayuden a poder sostenerse su inhabilitación permanente. ¿ESTE SERA UN CASO DE INGRATITUD?

Las Migraciones históricas que han inclusive influido mas poderosamente en el ámbito mundial son dos, el de Israel y el de Los Estados Unidos de América donde su grandeza se escribjó antes de su fundación mediante profecías que estan cumplidas como parte de la historia universal.

La de Israel llama poderosamente la atencion ya que es de carácter milenario, pero que está presente mientras que los imperios que lo sojuzgaron ya han pasado a la extinción, en tanto que Israel sigue haciendo historia y va camino al Armagedón.

Los Imperios Asirios, Caldeos, Babilónicos, Romanos Otomanos, la inquisición Católica, los Nazis y otros poderes e Imperios, Que ordenaron su aniquilación y persecución han desaparecido o están en las oscuridades de la maldad esperando su regreso nefasto para la venganza, pero Israel por Decreto del Dios Bíblico aún está vigente y buscando su heredad divina esto lo comento a modo de que sea un acelerador de acontecimientos cuando desde la mismísima ONU puede salir el decreto de su destrucción, HÁGANLO, PRACTIQUENLO, ORDENENLO, PERO NO VAN A PODER

DESTRUIR AL PUEBLO DE NUESTRO DIOS JESUCRISTO, NO VAN A PODER.

Así mismo Estados Unidos fue directamente señalado por el Apóstol Juan en el libro de Apocalipsis, EN LAS CENTURIAS DE NOSTRADAMUS y por el Pastor Robinson quien vio las naves HOLANDESAS que FUNDARIAN LA Nueva Ámsterdam LO QUE HOY ES NEW YORK CON los perseguidos cristianos LLAMADOS PURITANOS POR LOS EPISCOPALES INGESES para llevarlos a fundar LAS COLONIAS QUE DIERON ORIGEN A LOS ESTADOS UNIDOS DE AMERICA.

¿PORQUE EN LAS ESCUELAS TRATAN DE IGNORAR ALGO TAN OBVIO DE LA HISTORIA?

Resulta lamentable que en el curso escolar de historia en las escuelas desde primaria hasta Universidad pasen desapercibidos los acontecimientos que obligaron a los Ingleses a tomar la determinacion de proponerle a los Puritanos el viaje hasta esos distantes lugares llenos de un salvajismo inaudito plagado por tribus que no pudiero someter ni el ejercito Inglés ni el Ejercito Francés ya que los ataques de estos nativos consistian en celadas usadas en la . guerrilla y ambos ejercitos lo hacias a campo abierto sin ninguna proteccion mas que su valor patrio.

La estrategia consistia en que los puritanos serian escoltados a distancia por el ejercito, por la retaguardia, esperando que lo indios salieran para atacarlos y fueran blanco visible a la artilleria del ejercito.

La destreza de los indios conocedores del lugar les permitio evadir y lograron hacer cautivos a muchos de los Puritanos que sin armas fueron presa facil para los temibles guerreros, es ahí donde empieza la promesa, con la protección que Nuestro Señor Jesucristo le dio al igual que miles de años atrás le otorgo al Gran Moisés ante Faraón esto es mediante los Dones que repartió a los hombres entre los que se encuentra el del discernimiento de espíritus valioso instrumento del Dios Bíblico que permitió encontrar respeto por parte de los Indios, cuando atados de manos y a punto de ser sacrificados con la hoguera, frente a LA MUERTE INMINENTE, llamaban a sus captores y con el don de lenguas, en su dialecto, les indicaban un sin números de necesidades de sanidad que necesitaban, esto lo hacían, desde su cautiverio sin ver a los dolientes enfermos les decían lo que padecían.

Maravillados por los resultados que veían cuando les desataban las manos y ungían con el aceite de la unción, adquirieron el mote de "brujos" y que en su medio social llamarle a alguien de ese modo adquiría características mágicas ACOMPAñADO DE UN GRAN RESPETO.

Bajo esas condiciones, de ese modo, se inicio la evangelización de mohicanos, sioux y todas las variedades de tribus diseminados por esas abruptas regiones del Norte de Los Estados Unidos y sur de Canadá, no fueron los ingleses los que les ayudaron, su labor fue ponerlos en donde tenian su tarea por realizar ya que fue el Poder del Dios vivo y verdadero el que HIZO EL MILAGRO DE LA COLONIZACION, POR ESA RAZON, ESTE PAIS ES UN PAIS DE PROMESA NO DE ANARQUISMOS NI DE FUNDAMENTOS PARA UNA VIDA MEJOR, SUS PROPOSITOS Y METAS DEBEN Y DEBIERON SER DE MAYOR EMBERGADURA en vez de perder el tiempo en insulsas leyes que evidencian la inseguridad de no saber lo que están haciendo en su momento histórico que están viviendo.

ANDAR PERDIENDO EL TIEMPO EN AYUDAR A DESCOMPONER MAS EL ENRARECIDO FUTURO de diez millones de desempleados que demandan fuentes de trabajo URGENTE y estar pensando en regularizar MILLONES DE INDOCUMENTADOS PARA COMPLICAR MAS EL ASUNTO LABORAL, ESO ES DIGNO DE QUE QUIENES ESTAN EN ESAS CONDICIONES NECESITAN DE INMEDIATO UN TRATAMIENTO PSICOLOGICO EN DONDE LES DIGAN QUE SI SOBRAN DIEZ PARA RESOLVER EL PROBLEMA LA RESPUESTA NO ES LA DE AGREGAR ONCE QUE NO ESTAN LEGALES, ECHANDO POR LA BORDA TODO EL PROCESO DE PROGRESO FINCADO EN LA

EFICIENCIA FINANCIERA Y DE PRODUCCION, SIN CAER EN LAS PANTANOSAS AGUAS DE LA DESIGUALDAD Y EL LIDERAZGO LABORAL DE AMBICIOSOS EGOITAS, eso sí se pude considerar como pérdida de tiempo, semejante como el que se practica en la ONU, EN DONDE DESDE HACE YA ALGUNOS AÑOS NO HAN LOGRADO EXITOS.

CAPITULO 9

CUANDO LA MIGRACION ES PELIGROSA

Una de las páginas más dolorosas en la historia de los Estados Unidos es la forma artera como unos arabes Terroristas presentaron documentos que los identificaba como futuros estudiantes de un curso de aviación, pero lo cierto es que, eran activistas suicidas que venían con el malévolo propósito de destruir las torres gemelas de Nueva York.

Ingresaron por la frontera sur de México con apariencia confundible de mexicanos para no despertar sospechas de ninguna índole, sus propósitos estaban perfectamente definidos y venían a morir por sus causas equivocadas.

Así como estos extremistas, existen también quienes entran al país buscando una mejor forma de vida, pero que encubren sus verederos propósitos al amparo de una bien organizada intención de hacer el mal a este país, esto sucede porque en los Estados Unidos no existe en su vocabulario ni en sus diccionarios las palabras de LIBERTINAJE NI EL SIGNFICADO DE LA PALABRA INGENUIDAD.

SUS DETRACTORES LAS HAN USADO EN SU PERJUICIO REITERADAMENTE A TRAVEZ DE LOS AÑOS Y NUNCA HAN RECIBIDO UNA RESPUETA ADECUADA PARA QUE AMBAS PALABRAS SEAN EL CENTRO DEL DEBATE NACIONAL.

La malicia y el abuso al respeto que se le debe dispensar al Presidente de los Estados Unidos y a la Ciudadanía en General por parte de los que han llegado solicitando protección y ayuda, han llegado ' pletóricos de Esperanza por una mejor vida, etc.,' etc,etc. al cabo de un tiempo especialmente los Latinos añoran e incluso quieren una vida semejante a la que dejaron en su lejana tierra CREANDO UN FASTASMA DE NACIOALIDAD AL QUE ESTADOS UNIDOS NO PUEDE COMPETIR EN EL SENTIR PATRIO PASANDO LA NACIONALIDAD ESTADOUNIDENSE A UN SEGUNDO PLANO EQUIVALENTE A UN MAL NECESARIO PARA VIVIR MEJOR CON LOS BENEFICIOS DE

LA CIUDADANIA PERO CON una rapaz falta de respeto por lo que representa.

En la ONU se estimula la ofensa al respeto que se le debe al país anfitrión como lo es los Estados Unidos, el abuso a la "reglas de Inmunidad Diplomática a rebasado la cordura que se le debe tener, al contrario, se ha llegado a la grosería para el propio Presidente, sin que esta inútil organización creadora del desequilibrio que se vive hoy en el mundo, haya sancionado a los que sin recato han tenido expresiones de intolerancia y desprecio por esta Nación que lo único que busca es atenuar los descalabros a la concordia Internacional. Otro falta de respeto que no han sancionado y que se debe de hacer es la libre manifestación que hacen los anarquistas disfrazados de activistas sociales que con cinismo entran a los recintos que representan la legalidad en esta país y se enfrentan sin recato como si la razón les asistiera, como sucedió en las marchas de los Indocumentados por las calles de diferentes lugares de los Estados Unidos sin que se cumpliera las OBLIGACIONES que juran los funcionarios cuando toman posesión de sus respectivos cargos esto es cumplir y hacer cumplir las leyes en este pais, desde fuera en el extrajero cuando la prensa exhibe esos desacatos de vergüenza la imagen de los Estados Unidos pierde respeto para cuando llega representando la Legalidad y la Justicia fuera de su territorio, el daño se lo hacen al Ejercito, Civiles que se encargan de cumplir las leyes DENTRO DEL PAIS Y NO LO HACEN SINO QUE SE ALIAN CON LOS ANARQUISTAS Y LES ABREN LOS CAUSES LEGALES PARA LOGRAR SUS EQUIVOCADOS PROPOSITOS, eso raya en la tracion al pais que se dicen representar.

La Señor Napolitano en una entrevista televisiva recibio una interrupción de una persona que pedia no hubiera mas deportaciones de indocumentados sin exponer fundamentos, de inmediato la señora Napolitano se asocio a esa peticion IGNORANDO QUE LOS OFICIALES QUE HACEN LAS DEPORTACIONES TIENEN LA RAZON DE LA LEGALIDAD PARA, HACERLO INSOLITAMENTE LOS DESCALIFICO, E HIZO CAUSA COMUN CON LA ANARQUISTA QUE PEDIA SE IGNORARA LA LEY, SE PUSO EN EL PAPEL DE UNA ACTIVISTA, TAL VEZ COMO LO HAN HECHO MUCHOS DE LOS ENCUMBRADOS POLITICOS BUSCANDO QUE TAMBIEN LE DEN EL PREMIO NOBEL ''DE LA PAZ'' Y ASI, SEGUN ELLA, PARA ''GANAR ADEPTOS Y SIMPATIA POPULAR''.

LA REALIDAD QUE LO QUE HIZO, FUE TRAICIONAR LO QUE ES Y LO QUE REPRSENTA AL IGUAL QUE LO HICIERON LOS OTROS GANADORES DE ESE PRECIADO PREMIO.

ELLA NO ES EL UNICO FUNCIONARIO QUE HACE SEMEJANTES DESPLANTES DE ANARQUISMO SON MUCHOS O MAS BIEN ES CORRECTO DECIRLO QUE LA MAYORIA DE LOS FUNCIONARIOS ESTATALES YA NO QUIEREN ACEPTAR SUS RESPONSABILIDADES SINO QUE SE HACEN: "COMO LA MANTEQUILLA ANTE LA LUMBRE" CUANDO ESCUCHAN LAS TORPES PETICIONES SIN FUNADAMENTO LEGAL QUE "MOTIVA" SUS MANIFESTACIONES, ESE ES EL LIBERTINAJE QUE CONFUNDE A LA CIUDADANÍA Y A LOS FUNCIONARIOS PÚBLICOS PROVOCANDO CON ES MODO DE ACTUAR, QUE SE PIERDA EL PRINCIPIO DE AUTORIDAD QUE SE DEBE HACER VALER.

CAPITULO 10

LOS BENEFICIARIOS DE LA INMIGRACION ILEGAL

Los beneficiarios de la absurda inmigración ilegal son:
MEXICO a quien le beneficia en mano de obra ocupada que envía remesas de dinero consideradas como el segundo ingreso nacional después de los petroleros, además de que el bajo nivel de preparación seguirán siendo manipulados políticamente para ayuda de los sistemas políticos en mexico el PRI y en los estados Unidos el partido Democrata principal promotor de esta reprobada actitud ANARQUISTA de regularizacion ilegal.

LA IGLESIA CATOLICA ROMANA que aumenta su membrecía y recursos económicos por "diezmos" semanales que se traducen en 22 millones de dólares a la semana considerando que cada ilegal regularizado, les proporcionara al menos 20.00 dolares a la semana por concepto de la lismosna semanal y considerando que por el mismo medio en los tiempos del iluso Jimmy Carter fueron mas o menos la misma cantidad solamente por este tipo de residentes regularizados la cantidad puede llegar a los 44 millones netos a la semana lo que hace a esta iglesia la mas rica del mundo sin pagar ni un centavo de impuestos.

LOS FASCISTAS ya que estos tienen concordato vigente con la dirigencia católica especialmente con la cúpula religiosa Romana encabezada por los PAPAS Pio XII, Juan XXIII, Pablo VI, Juan Pablo I, Juan Pablo II, y los dos últimos que están vigentes. Es probable que considere que estos grupos . sediciosos y criminales de fascistas desaparecieron al termino de la Segunda Guerra Mundial pero eso es pecar de confiado ya que si tomamos en cuenta que después de los Juicios de Nuremberg Von Papen y el Papado salierien ilesos no obstante estar sumamente involucrados en las brutales persecuciones de los miembros de las resistencias que se hicieron en la Europa Continental especialmente en Francia y en Holanda donde fueron torturados y asesinados miles de ciudadanos mediante las denuncias que hicieron desde la Iglesia a los sanguinarios miembros de la temida SS nazi, de esos países y otros mas,.

la simpatía que sentían los Kennedy y Franklin D. Roosevelt por el Fascismo no permitieron que recibieran ningún castigo los miembros de la cúpula Católica Romana, no obstante las peticiones que pidieron el General CHARLES DE GAULLE y el Primer Ministro Ingles WINSTON CHURCHILL en Nuremberg ya que estas fueron ignoradas por el propio Roosvelt y no conforme con eso, también los ignoro y se repatio el mundo con el antiguo socio de los Nazis, el Comunista y asesino Jose Stalin, para mayor abundamiento de que el fascismo esta hasta dentro de la Casa Blanca, posteriormente en 1953 la Iglesia Catolica firmo Concordato con el Compadre de Adolfo Hitler el Dictador Español Jesuita Francisco Franco, ídolo de Fidel Castro el Dictador Cubano.

EL PARTIDO DEMOCRATA se ve sumamente beneficiado con los contingentes que ilegalmente entra a los Estados Unidos, con la ayuda de México, la Iglesia Católica y los Fascistas una buena parte de estos, logra obtener la ciudadanía y son seguros los votos corporativos del "agradecimiento", como son tradicionalistas e idolatras, sus hijos que están naciendo en este país no obstante que se consideran mexicanos sus documentos les conceden el privilegio de ser ciudadanos de los Estados Unidos y por lo tanto sean o no ignorantes el certificado de nacimiento les permitirán a los 18 años participar con votos corporatrivos de "agradecimiento" a favor de los demócratas provocando que las contiendas "democráticas " para los siguientes años se vean ya viciadas como en otros países como en México, donde la sindicatos, los Ignorantes, los pobres y religiosos tienen la jefatura del triunfo, pasando la democracia a ser aristocracia ya que los candidatos seran elegidos por partidos no por el pueblo, LOS PARTIDARIOS DE QUE ESTADOS UNIDOS SEA UN PAIS COSMOPOLITA Ante esta encrucijada el futuro de los Estados Unidos obtendrá seguramente el ansiado "cambio" que el Presidente Barack Obama ofreció en su primer campaña como candidato a la Presidencia de los Estados Unidos para llegar a ser lo que alguna vez dijo el Dictador Adolfo Hitler que Estados Unidos era un país de Negros y con los acontecimientos que se están dando desde mediados del siglo pasado, el cambio emblemático de los estados unidos es que será Afro-Latino y su idioma inglés-español y su Religión mayoritaria de la Iglesia Católica Romana con la gran ventaja que solicitara ser la Oficial para este desafortunado país si sus ciudadanos actuales lo permiten, Seguramente que en el juicio de la Naciones mucho tendrá que justificar el Pueblo Estadounidense , sobre este hecho de haber sido un país elegido para la gloria de Dios Nuestro Señor Jesucristo y haya terminado como una colonia católica inmersa en la Idolatría Y SER EL GUARURA DE LAS NACIONES UNIDAS SIN SUELDO NI BENEFICIO,

A modo de una oración de despedida es necesario que los acontecimientos surgidos en el suelo de los Estado Unidos con el despertar del letargo de los Ciudadanos que aman este país se logren con la ayuda del SeñorJesucristo abatir los resultados funestos que se advierten para un futuro inmediato, unir esfuerzos y hacer obras dignas para el Señor como lo es el de indagar donde están sus limitantes para poder solucionar el rescate de la Nación. AMEN, AMEN y AMEN

CAPITUIO 11

USA: UN IMPERIO CON SEVEROS RIESGOS DE CAER

Desde las entrañas de su propio ser, Estados Unidos es un imperio que hace poco más de un siglo sorprendió a propios y extraños en la manera como desarrollo su poderosa estructura colocándose a la vanguardia de las Naciones, mucho influyo su geopolítica de tener litorales hacia los dos grandes océanos, sus vastos recursos naturales, pero la más convincente razón de su potencial, fue el génesis de su población pionera, el crisol del hogar donde se cocino la ciudadanía de sus primeros pobladores llamados por los Ingleses: LOS PURITANOS.

A DIFERENCIA DE LAS OTRAS MIGRACIONES DEL NUEVO CONTINENTE FORMADAS POR LEVAS MILITARES DE PERSONAS IMPREPARADAS, LADRONES, AVENTUREROS ETC., FUERON LOS PEREGRINOS SALIDOS DE LAS COSTAS HOLANDESAS LOS QUE TRAJERON CONTINGENTES DE PERSONAS CON ALTO GRADO DE PREPARACION A LAS COSTAS DE NORTEAMERICA, EN ELLAS VENIAN INTELECTUALES, MAESTROS UNIVERSITARIOS, AGRICULTORES, CONTADORES, DOCTORES, INGENIEROS ETC., ELLOS FORMABAN LOS BLOQUES DE CREYENTES DE LAS NUEVAS ENSEÑANZAS DEL EVANGELIO, QUE RESISTIERON Y LOGRARON EVADIR LA HOGUERA DE LA ACUSIOSA PERSECUCION PRACTICADA ESTA POR LOS BENEFICIADOS EN AMERICA POR ROGERIO WILLIAMS EN SU DESAFORTUNADA APLICACION DE LIBERTAD DE CULTOS, PARA ENTRAR CON IGUALDAD DE DERECHAOS AL NUEVO PAIS FUNDADO POR SUS PERSEGUIDOS, QUE NO CLAUDICARON EN MEDIO DE LA INSESANTE SIEMBRA DE TERROR DE SACRIFICAR LA HEREJÍA A FUEGO LENTO PARA QUEBRANTAR POR TEMOR, SU CONVICCION DE FE, PARA PROVOCAR EL MIEDO QUE NO LOGRARON, CON DOLOR LOS PIONEROS AMERICANOS VIERON CONSUMIDAS LAS VIDAS DE MUCHAS AMISTADES QUE PROFESABAN LA MISMA FE

QUE LOS MANTUVO SOPORTANDO TANTA IGNOMINIA PARA SEMBRAR UN MIEDO QUE NUNCA LLEGO, ESE FUE EL ESCUDO DE LA FE QUE FORJO EL CARÁCTER DE LOS PIONEROS, EXISTE ALGUNA SIMILITUD CON LOS MODERNOS ¿ INMIGRANTES ILEGALES DE CONVICCION ESPIRITUAL IDOLATRICA EN SU INMENSA MAYORIA ? QUE EXIGEN SIN DERECHOS LEGALES, HISTORICOS Y DE RAZON PRAGMATICA UNA RESIDENCIA EN EL PAIS QUE FUNDARON PEREGRINOS ¡¡QUE EN NADA TIENEN EN COMÚN!! Al amparo de una de esas odiosas comparaciones, si analizamos al actual "ciudadano Estadounidense" con lo que sin tener ese apelativo fueron los primeros pobladores de este país, es para ponerse a llorar, sus principios, sus anhelos, sus esperanzas son diametralmente OPUESTAS, mientras que a los pioneros no los intimido la hoguera de la "santísima inquisición", a los "modernos Ciudadanos" los tiene con los cabellos parados payasos como Castro y Chávez o los anarquistas sin consciencia ciudadana, los llamados terroristas, que en niveles de intolerancia resultan ser los mismos que estaban en la hoguera de su antaña Europa.

Mientras que los Pioneros sin tener ejército, triunfaron ante la adversidad de quienes no los comprendían no obstante que los religiosos Romanos y Anglicanos contaban con los ejércitos respetados en aquella época. Corea,

Vietnam, La Guerra del Golfo, Afganistán e Irak son Guerras que se ganaron o se pudieron ganar contando con el Ejército más poderoso de la historia de la humanidad, pero que al final gracias a la pavorosa política Exterior de los "modernos Ciudadanos", sus intervenciones Internacionales no solo parecen soberanas Derrotas sino que se coronaron con despréstigio y pérdida económica que nunca se recupero.

Un pueblo que no respeta su historia es y será un bastardo sin linaje, un paria sin patria, tal es el modo como el sistema educativo de los Estados Unidos está educando a las nuevas generaciones, para que en la materia de historia se consideren DOLOSAMENTE unos parias del destino, un pueblo que se formo para satisfacer la necesidad de quienes no tienen trabajo ni una forma honesta de vivir, un refugio para los que sueñan con tener una placentera manera de vivir, sus perversos mentores quieren hacerlos vivir en la IGNORACIA de su reciente pasado, pletórico de Gloria y Triunfos que difícilmente alcanzaron ROMA O CUALQUIER OTRO IMPERIO DEL PASADO.

Otra arista del deterioro social que es doblemente significativo resulta ser, su decadencia ESPIRITUAL, motivada en gran parte por la BRUTAL Y TORPE ENTRADA DE IDOLATRIA SIN CONTROL Y SIN ESTABLECER SUS BASES DE TOLERACIA RACIONAL. DESDE LUEGO RESPETANDO SU LIBERTAD DE CULTO Y LIBRE ALBEDRIO,

PARA QUE LO PRCTICARAN EN PRIVADO QUIENES TUVIERAN ESAS INCLINACIONES ANTAGONICAS A LA VIDA ESPIRITUAL DE LOS SEGUIDORES DE CRISTO EN TIERRA AMERICANA: LOS PIONEROS, DESECHANDO DE ESA MANERA CUALQUIER CONFUSION DE "IGUALDAD" PARA CON QUIENES FUERON SUS VERDUGOS DE LOS PURITANOS DURANTE MUCHOS AÑOS, LO QUE CONSCIENTEMENTE IGNORO EL "PASTOR" ROGERIO WILLIAMS; PARA JUSTIFICAR SU RUIN PROCEDER SE HIZO LLAMAR EL CAMPEON DE LAS LIBERTADES.

EL RESTO DE LA DECADENCIA ESTA EN LA SECUENCIA LOGICA DE LOS ACONTECIMIENTOS, YA QUE SI CAYO LA VIDA APOSTOLICA POR ADOPTAR PRACTICAS RELIGIOSAS PAGANAS LLENAS DE IDOLATRIA, LA VIDA ESPIRITUAL DE LOS PIONEROS EN AMERICA, SE VIO TAMBIEN AFECTADA CON LA LLEGADA DE LOS DENOMINACIONALES QUE TIENEN DIVIDIDO Y DEBILITADO EL CUERPO DE CRISTO, QUE ES CONSIDERADO COMO LA IGLESIA, CUYOS RESULTADOS LOS TENEMOS EN LA LUCHA DIARIA DE DEMONIOS QUE SE DA EN LAS CALLES DE LA MAYORIA DE LAS CIUDADES DE LOS ESTADOS UNIDOS Y SUS PRACTICAS INDECENTES EN LAS TELEVISORAS Y EL INTERNET DONDE HACEN APOLOGIA DEL CRIMEN, EL DOLOR Y LAS RELACIONES AMOROSAS SE BASAN EN LO CARNAL Y EL

EROTISMO. TODO ESTO COMPLEMENTA LA SEPARACION DE LO QUE FUE LA VIDA CRISTIANA QUE RECIBIERON LOS PIONEROS PARA SU GRANDEZA Y PODER DE DIOS NUESTRO SEÑOR JESUS, ESA ES LA PIEDRA DE SUS CULPAS PARA LOS ACTUALES CIUDADANOS, QUE DEBEN DE SER REMOVIDAS POR ELLOS MISMOS, DE HACERLO CONVENIENTEMENTE, SOLO ASI VOLVERAN A VER LA GLORIA DE DIOS NUESTRO SEÑOR JESUCRISTO EN LA VIDA COTIDIANA DE ESTE PAIS, DE NO HACERLO Y SIGUIR EN EL FESTIN DE COMPLASENCIAS CARNALES, SERIA MUY TRISTE ENTRAR EN LA ADVERTENCIA QUE EL DIOS DE ISRAEL LE DICTO A JEREMIAS PARA BARUC: ,,VOY A DESTRUIR LO QUE HE CONSTRUIDO Y ARRRANCAR LO QUE HE PLANTADO, ES DECIR, ARRASARE CON ESTA TIERRA Y EL BOTIN (PARA LOS QUE QUEDEN), SERA: CONSERVAR SU VIDA DEMOSLE GRACIAS AL SEÑOR QUE EL AVIVAMIENTO MANIFESTADO EN LAS CONGREGACIONES DE LOS SEGUIDORES DE CRISTO, HA DESPERTADO CONSCIENCIAS APAGADAS EN DONDE SE AVISORA LA NUEVA LUZ DEL ENTENDIMIENTO, MOTIVADO POR LA VIVIFICACION DEL ESPIRITU SANTO.

AMEN, AMEN Y AMEN.